DES GRAINES
AUX PLANTES

L'édition originale de cet ouvrage
a paru sous le titre: *Seeds to Plants*
Copyright © Aladdin Books Ltd, 1990
28 Percy Street, London W1P 9FF

Adaptation française de Philippe Chandelon
Copyright © Éditions Gamma, Tournai, 1992
D/1992/0195/65
ISBN 2-7130-1351-8
(édition originale: ISBN 0-7496-0433-6)

Exclusivité au Canada:
Les Éditions Héritage Inc., 300, rue Arran
Saint-Lambert (Québec) J4R 1K5
Dépôts légaux, 3e trimestre 1992
Bibliothèque nationale du Québec
Bibliothèque nationale du Canada
ISBN 2-7625-6937-0

Imprimé en Belgique

SCIENCE EN DIRECT

DES GRAINES AUX PLANTES

Dr JEFFREY BATES – PHILIPPE CHANDELON

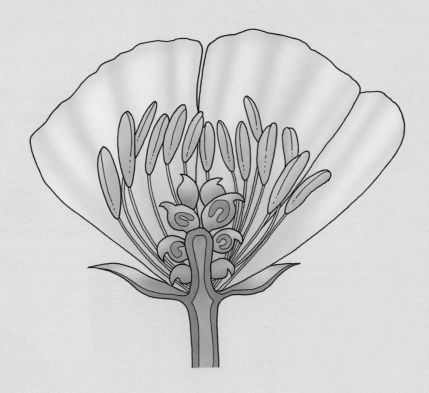

GAMMA - HÉRITAGE

Sommaire

Cet ouvrage traite des végétaux, de leur croissance et de leur développement depuis l'état de graines jusqu'à celui de plantes en fleurs. Nous étudierons l'anatomie de la plante, et notamment la fonction de chaque organe dans son cycle de vie. Des applications pratiques vous permettront de vous livrer à quelques expériences; vos sujets seront des plantes communes, et votre équipement des objets de tous les jours.

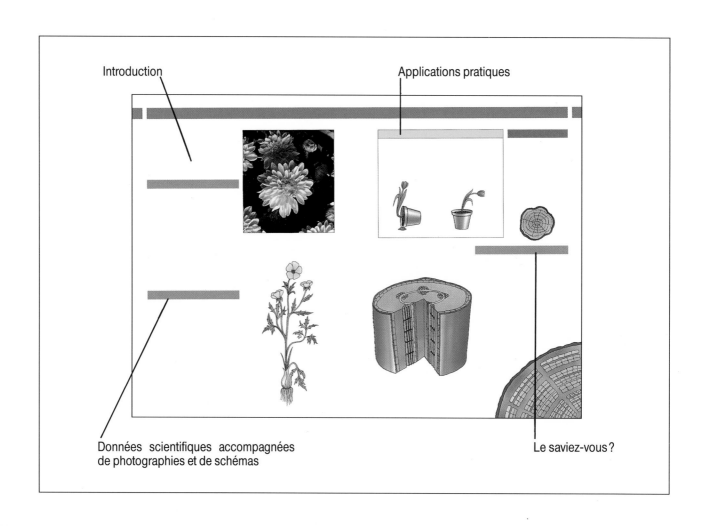

Introduction

Applications pratiques

Données scientifiques accompagnées de photographies et de schémas

Le saviez-vous ?

Introduction

Nous sommes souvent indifférents aux plantes qui nous entourent. Sans elles, pourtant, aucune vie humaine ou animale ne serait possible. Non seulement les plantes produisent l'oxygène que nous respirons, mais elles captent et exploitent l'énergie solaire, source de toute l'énergie contenue dans notre alimentation.

De tout temps, l'homme a étudié les végétaux. Il est vrai qu'il en avait besoin pour se nourrir, se chauffer, s'habiller, bâtir sa demeure et se soigner! L'étude scientifique des plantes est la botanique. Les premiers botanistes s'attachèrent à découvrir et à nommer les différents types ou espèces de végétaux. Ils étaient également à la recherche de plantes médicinales.

De nos jours, les botanistes sont à la pointe du progrès technique et scientifique. Les nombreuses applications de leurs découvertes permettent d'améliorer notre bien-être à tous. Les progrès de l'agriculture et l'utilisation à des fins médicales de produits chimiques synthétisés par les plantes en sont l'illustration.

Grâce à l'énergie solaire, les plantes produisent des substances nutritives et de l'oxygène.

Les plantes ne peuvent se déplacer comme les animaux : elles ont besoin de racines pour puiser dans le sol l'eau et les sels minéraux qui leur sont nécessaires. Pour se disséminer et survivre aux périodes de sécheresse, elles enferment les nouveaux individus, les embryons, dans les graines qui apparaissent après la floraison.

STRUCTURE

Une gaine solide, le testa (percé d'un petit orifice, le micropyle), entoure la graine pour protéger l'embryon. La graine renferme un ou plusieurs cotylédons, organes dont la structure évoque celle d'une feuille. Selon leur nombre, la plante est une monocotylédone (liliacées, graminées, palmiers : un seul cotylédon) ou une dicotylédone (plantes herbacées, arbustes, arbres latifoliés : deux cotylédons).

L'embryon a une racine, la radicule, et une pousse minuscule, la gemmule. La plupart des graines stockent des substances nutritives pour l'embryon. Les fruits protègent et aident à disséminer les graines qu'ils contiennent.

△ Les noix sont des fruits extrêmement durs.

▽ Les gousses de lupin sont des fruits explosifs. Une fois desséché, le péricarpe (coquille) se fend et se tord, expulsant soudainement les graines.

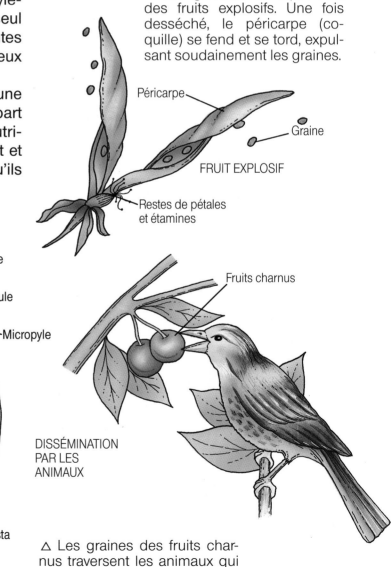

Péricarpe

Graine

FRUIT EXPLOSIF

Restes de pétales et étamines

Fruits charnus

DISSÉMINATION PAR LES ANIMAUX

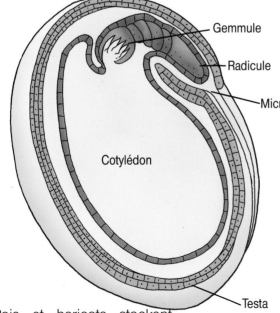

Gemmule

Radicule

Micropyle

Cotylédon

Testa

△ Pois et haricots stockent leurs substances nutritives dans de grands cotylédons. L'homme se nourrit des graines.

△ Les graines des fruits charnus traversent les animaux qui les avalent et sont rejetées avec les matières fécales.

DISSÉMINATION

Les jeunes plantes doivent se développer à une distance raisonnable de leurs parents, sous peine de ne pouvoir capter suffisamment de lumière et de substances nutritives. Les graines sont donc «disséminées», c'est-à-dire transportées au loin. Comme les végétaux sont incapables de se déplacer, la dissémination a souvent recours aux forces naturelles.

Les fruits jouent un grand rôle dans la dissémination des graines. En termes de botanique, ils ne se limitent pas aux aliments savoureux que nous connaissons bien. Ils se développent à partir d'un organe de la fleur, l'ovaire. L'ovaire entoure la graine; sa membrane (le péricarpe) forme l'extérieur du fruit.

Les fruits qui s'ouvrent pour libérer ou expulser leurs graines sont «déhiscents»: le péricarpe, en se desséchant, est soumis à des pressions qui l'amènent à se fendre. Certains fruits déhiscents produisent des graines extrêmement petites qui s'envolent facilement. Les fruits qui ne s'ouvrent pas sont «indéhiscents»: la dissémination se fait alors par le vent, les animaux ou l'eau.

△ ▷ Chaque partie d'une «tête» de pissenlit se détache pour être portée par le vent. Une aile, comparable à une feuille, se détache avec le fruit du tilleul et joue le même rôle que chez le fruit du sycomore.

DISSÉMINATION PAR LE VENT

Bractée desséchée

Fruit du tilleul

Ovaire

LE SAVIEZ-VOUS ?

▷ Grâce à leurs ailes, les fruits du sycomore tournoient et ne tombent que lentement. Le vent les transporte ainsi sur d'assez longues distances.

Sycomore

Ovaire

Ailes (prolongements de l'ovaire)

Les graines du cocotier sont disséminées par la mer. Les noix de coco, couvertes d'une enveloppe fibreuse, peuvent flotter longtemps. Les courants marins les transportent parfois sur de très longues distances. Voilà une dissémination peu commune.

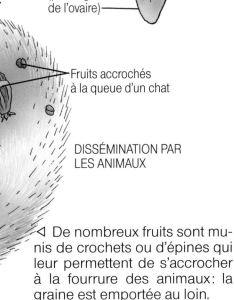

Fruits accrochés à la queue d'un chat

DISSÉMINATION PAR LES ANIMAUX

◁ De nombreux fruits sont munis de crochets ou d'épines qui leur permettent de s'accrocher à la fourrure des animaux: la graine est emportée au loin.

Lorsqu'une des graines disséminées atteint un endroit propice, l'embryon commence à se développer. La première étape de la croissance, la germination, nécessite de l'eau (la graine absorbe celle du sol), de l'oxygène et une température adéquate. L'embryon deviendra plante grâce aux matières nutritives stockées par la graine.

DORMANCE

Même dans un environnement favorable, de nombreuses graines, pourtant arrivées à maturité, ne germent pas immédiatement. On parle de dormance: cet état empêche toute croissance tant que les conditions ne sont pas propices à la survie de la jeune plante. Il faut attendre qu'un signal réveille la graine. Pour certaines espèces, il s'agit d'une période de froid suivie d'une élévation de la température: la graine sait ainsi que l'hiver est passé.

△ La plupart des graines se dessèchent en arrivant à maturité. C'est le cas, par exemple, des graines de pavot.

ABSORPTION DE L'EAU PAR LA GRAINE

Mettez dans deux bocaux la même quantité de pois ou de haricots secs. Versez ensuite de l'eau dans un des bocaux.

N'ajoutez pas d'eau dans le deuxième bocal: ainsi, les graines qu'il contient serviront uniquement de repère pour l'expérience.

Dès le lendemain, la couche des graines du premier bocal est plus épaisse. Les graines ont absorbé l'eau et augmenté de volume.

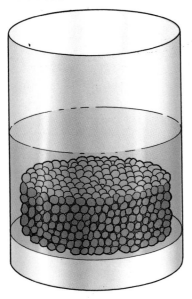

Début de l'expérience

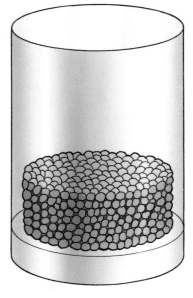

Graines témoins

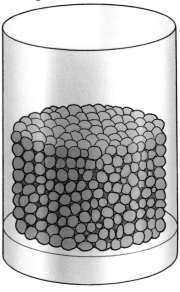

Le lendemain

CROISSANCE RAPIDE

Une fois que la graine se met à germer, des changements rapides se succèdent. La radicule se développe et perce le testa. Elle s'enfonce ensuite dans le sol pour absorber l'eau et les sels minéraux nécessaires à la plantule (laquelle assimile également les matières nutritives stockées dans la graine). La gemmule se dirige vers la surface pour donner naissance à la pousse. Une fois à l'air libre, cette dernière prend une couleur verte et commence à synthétiser ses propres substances nutritives grâce à la lumière du soleil : on parle de photosynthèse.

Déplacement des marques

Traits à l'encre sur la radicule

△ Faites des traits sur la radicule d'un haricot en train de germer. Les marques s'écarteront l'une de l'autre à mesure de la croissance de la radicule. Ce phénomène s'observera surtout plus près de la pointe : la croissance y étant la plus forte, c'est cette partie qui s'allonge le plus vite.

EAU ET GERMINATION

Préparez quatre bocaux comme indiqué ci-dessous. Utilisez des pois vendus comme graines dans le commerce, et couvrez chaque bocal d'un plastique.

Comme vous le constaterez, seuls les pois maintenus à l'humidité germeront. Plongés dans l'eau, cependant, ils manquent d'oxygène.

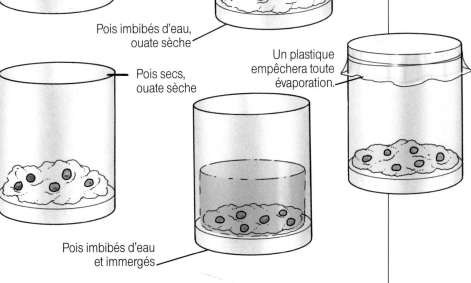

Pois imbibés d'eau, ouate humide

Pois imbibés d'eau, ouate sèche

Pois secs, ouate sèche

Un plastique empêchera toute évaporation.

Pois imbibés d'eau et immergés

LE SAVIEZ-VOUS ?

De nombreuses graines survivent à plus de 10 ans de dormance. C'est ainsi que de véritables «banques» se constituent naturellement dans le sol. Elles permettent à l'espèce de se remettre des catastrophes, les incendies par exemple, qui ravagent sa population. Les scientifiques stockent des graines rares ou importantes dans des chambres frigorifiques : le froid prolonge leur survie.

POIS

Le nombre et le rôle des cotylédons déterminent le mode de germination. Les cotylédons du pois potager sont au nombre de deux; leur principale fonction est le stockage des matières nutritives.

Une fois la radicule sortie de la graine, la pousse du pois commence à se développer. Pendant un court laps de temps, la croissance se limite à l'axe épicotylé, région comprise entre les cotylédons et la gemmule (la gemmule est un bourgeon situé au sommet de la pousse; plus tard, c'est elle qui connaîtra la croissance la plus rapide). En remontant vers la surface, la pousse forme un angle qui protège la gemmule. Une fois émergée du sol, elle se raidit et les premières feuilles apparaissent. Les cotylédons restent à l'intérieur de la graine et ne quittent jamais le sol. Quand leurs réserves sont épuisées, ils dépérissent.

Cette germination, où les cotylédons ne font jamais office de véritables feuilles, est dite hypogée. Elle se rencontre également chez la fève, le gland et la noisette.

▽ La germination commence par l'apparition de la radicule (A). Celle-ci grandit et produit les poils très fins qui l'aideront à absorber l'eau et les sels minéraux (B).

▷ L'angle que forme la pousse en émergeant du sol protège la gemmule (C). Des feuilles et de nouvelles pousses apparaissent, ainsi que des racines qui se développent à partir de la radicule (D, E).

A   B   C   D   E

△ Les graines dont sont issus ces tournesols ont toutes germé à la même époque.

TOURNESOL

Le tournesol, comme le pois potager, est une dicotylédone. Chacune de ses «graines» est en fait un fruit indéhiscent qui ne contient qu'une seule graine.

La première phase de la germination du tournesol est identique à celle du pois : la radicule perce le testa et le fruit pour s'enfoncer dans le sol. Ensuite, cependant, c'est l'axe hypocotylé, zone de la pousse comprise entre la radicule et les cotylédons, qui commence à s'allonger. Ce faisant, il soulève les cotylédons. Une fois que ceux-ci sont à l'air libre, la pousse (qui, comme chez le pois, forme un angle pour protéger la gemmule) se raidit. Les cotylédons verdissent pour devenir les premières feuilles, et les substances nutritives qu'ils produisent par photosynthèse aident la gemmule à engendrer la tige principale ainsi que de plus grandes feuilles. Cette germination est dite épigée.

▽ Dans ses deux premières étapes, la germination du tournesol est identique à celle du pois. La radicule émerge (A) et se couvre partiellement de poils (B). Ensuite, la croissance de la pousse fait sortir les cotylédons (C) et les amène à l'air libre (D).

▷ Les cotylédons du tournesol, une fois sortis de la graine, fonctionnent comme de vraies feuilles (E). Ils sont cependant plus rudimentaires que celles qui apparaîtront par la suite.

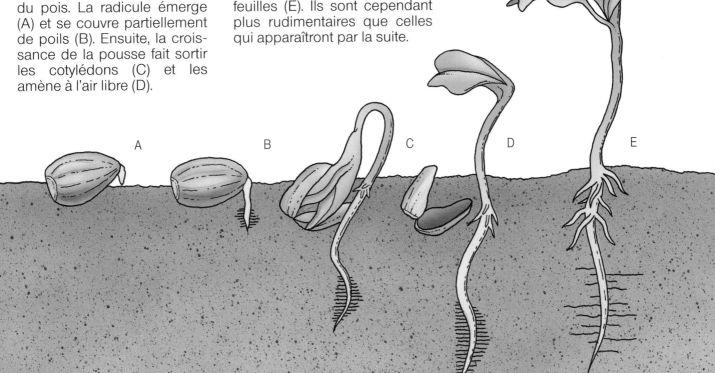

A   B   C   D   E

BLÉ

Le blé, dont on se sert principalement pour produire la farine, est une des cultures les plus répandues dans le monde. Son grain offre un bon mélange de protéines et de glucides. Sa culture est facile et sa récolte, grâce à la mécanisation, est peu coûteuse. On peut en outre le stocker pendant une longue période.

Le blé est une monocotylédone. Son grain est un fruit qui contient une seule graine et stocke les éléments nutritifs à l'extérieur de l'embryon. Le cotylédon reste sous le sol pendant la durée de la germination; il absorbe les réserves de la graine et transmet à la plantule les substances nutritives nécessaires à sa croissance. La gemmule, qui traverse le sol en ligne droite, est protégée par un étui solide, le coléoptile.

Bientôt, à mesure de la croissance de la tige, les premières feuilles percent le coléoptile. Une fois les réserves de la graine épuisées, le cotylédon dépérit. La radicule elle-même ne donne pas naissance à de nouvelles racines: celles-ci apparaissent une à une à la base de la tige.

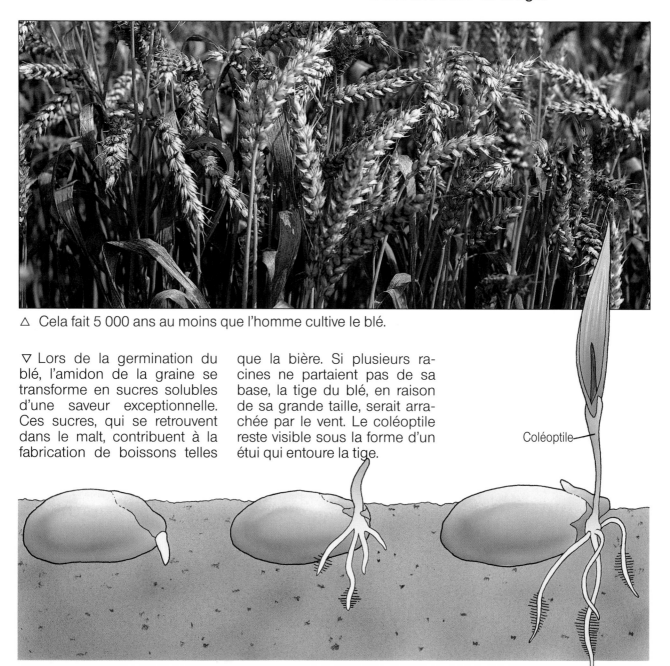

△ Cela fait 5 000 ans au moins que l'homme cultive le blé.

▽ Lors de la germination du blé, l'amidon de la graine se transforme en sucres solubles d'une saveur exceptionnelle. Ces sucres, qui se retrouvent dans le malt, contribuent à la fabrication de boissons telles que la bière. Si plusieurs racines ne partaient pas de sa base, la tige du blé, en raison de sa grande taille, serait arrachée par le vent. Le coléoptile reste visible sous la forme d'un étui qui entoure la tige.

Coléoptile

AGIR SUR LA CROISSANCE DES VÉGÉTAUX

Les végétaux tentent d'accroître leurs chances de capter la lumière solaire, l'eau et les sels minéraux.

Tiges et racines réagissent à la pesanteur. Les tiges poussent vers le haut, s'éloignent du centre de gravité; les racines, au contraire, s'enfoncent dans le sol, sont attirées par le centre de gravité. La lumière du soleil agit elle aussi sur la croissance des tiges. Placez des graines de cresson dans un lieu bien éclairé: les tiges seront robustes mais petites. Dans l'obscurité ou dans l'ombre, en revanche, elles seront grandes, pour essayer d'atteindre la lumière, et frêles.

Sur les radicules, l'effet est inverse. Exposées à la lumière, elles sont longues et frêles, et ne produisent pas de racines latérales: elles dépensent toute leur énergie pour trouver le sol, là où il fait noir. Le sol contient en effet les sels minéraux et l'eau nécessaires à la croissance des plantes.

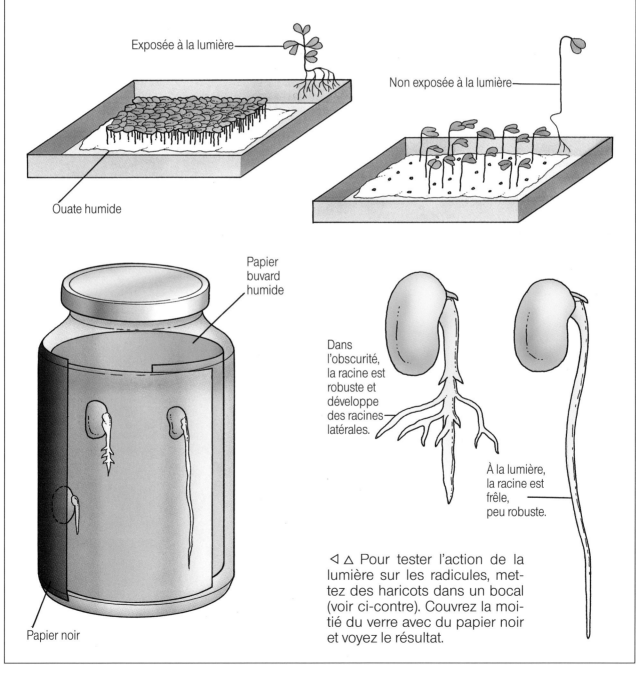

Exposée à la lumière

Ouate humide

Non exposée à la lumière

Papier buvard humide

Dans l'obscurité, la racine est robuste et développe des racines latérales.

À la lumière, la racine est frêle, peu robuste.

Papier noir

◁ △ Pour tester l'action de la lumière sur les radicules, mettez des haricots dans un bocal (voir ci-contre). Couvrez la moitié du verre avec du papier noir et voyez le résultat.

Les racines remplissent plusieurs fonctions. Elles ancrent la plante profondément dans le sol, évitant que la tige ne soit renversée par le vent et son propre poids ; elles absorbent également l'eau et les sels minéraux qui circuleront ensuite dans la plante ; certaines, enfin, stockent les substances nutritives utilisées ultérieurement.

SYSTÈME RACINAIRE

Un arbre est abattu par la tempête ? Voilà une excellente occasion d'étudier ses racines ! Même si certaines se sont brisées dans le sol, il en a sûrement arraché un grand nombre dans sa chute. Les racines forment un véritable réseau, dont la longueur est d'ordinaire équivalente à celle de la partie aérienne de la plante. On observe parfois une racine principale, très épaisse : il s'agit d'une racine pivotante, qui donne naissance à des racines latérales, plus petites. La carotte, la betterave et le panais, par exemple, ont une racine pivotante gorgée de substances nutritives. Chez d'autres plantes, les racines sont toutes de taille similaire : elles sont fasciculées.

STRUCTURE

Comme tout être vivant, la plante est faite de blocs minuscules appelés cellules. Différents types de cellules se regroupent sous forme de tissus. À l'extrémité pointue de la racine, des cellules se divisent et s'agrandissent : c'est ainsi que la racine s'allonge. Des cellules longues et fines, les poils, absorbent l'eau et les sels minéraux du sol. Cette « sève brute » traverse ensuite le cortex et pénètre dans le xylème, un tissu central qui remonte la plante pour desservir la tige et les feuilles et achemine l'eau par des cellules tubulaires spéciales. Quant à la sève élaborée par les feuilles, elle parvient à la racine, qui en a besoin pour sa croissance, via un autre tissu, le phloème. Un manchon protège la racine pendant toute la durée de sa progression dans le sol.

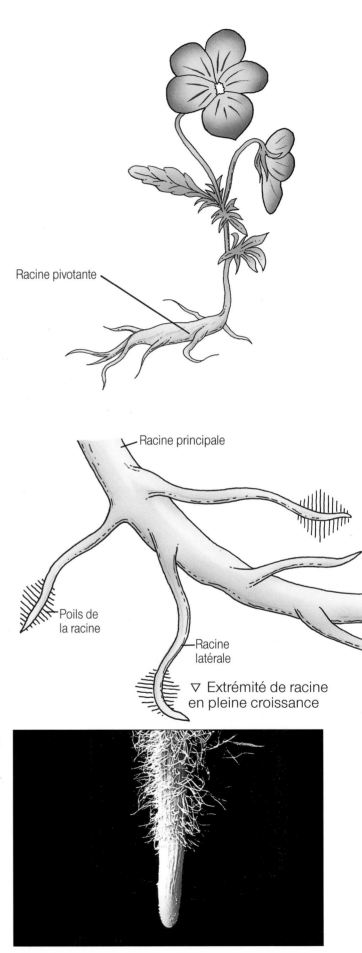

Racine pivotante

Racine principale

Poils de la racine

Racine latérale

▽ Extrémité de racine en pleine croissance

◁ Les racines pivotantes sont surtout répandues chez les dicotylédones. Grâce à leurs réserves de substances nutritives, la plante survit aux périodes difficiles, l'hiver par exemple. Elles vont chercher l'eau dans les profondeurs de la terre.

▷ La plupart des monocotylédones et de nombreuses dicotylédones ont des racines fasciculées. Les racines principales apparaissent à la base de la tige, un bulbe en l'occurrence. Les racines latérales sont plus petites que celles des racines pivotantes.

EXPÉRIENCE

Pour démontrer le rôle de la pesanteur dans la croissance des racines, donnez à un morceau de buvard les dimensions exactes d'un fond de bocal, placez-le dedans et, avec des épingles, fixez-y trois graines de haricots (sans les percer). Humectez le papier, laissez le bocal debout. Lorsque les graines auront germé, renversez le bocal : les racines se dirigeront vers le centre de gravité, vers le bas.

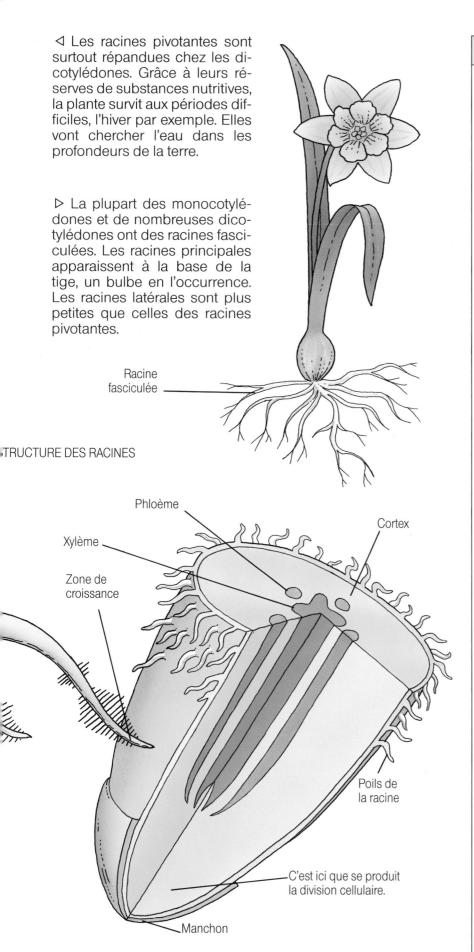

Racine fasciculée

STRUCTURE DES RACINES

Phloème
Xylème
Zone de croissance
Cortex
Poils de la racine
C'est ici que se produit la division cellulaire.
Manchon

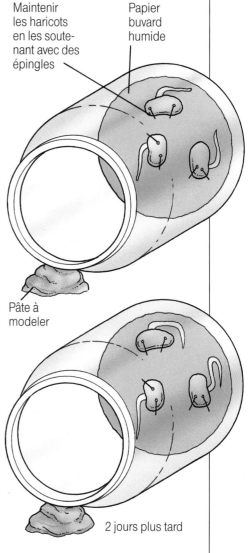

Maintenir les haricots en les soutenant avec des épingles

Papier buvard humide

Pâte à modeler

2 jours plus tard

Les tiges font partie de la pousse. Leur principale fonction est de soutenir feuilles, bourgeons et fleurs. Une bonne exposition au soleil et aux insectes est capitale. Lorsqu'elles sont vertes, ce qui est souvent le cas, elles élaborent la sève de la même manière que les feuilles. Elles font également circuler l'eau et les substances nutritives.

CARACTÉRISTIQUES

Chaque tige est faite d'unités similaires qui se rejoignent à leurs extrémités. Chaque unité, à savoir un segment de tige, est appelée entre-nœud. La zone renflée où deux entre-nœuds se rejoignent est un nœud; c'est là qu'apparaissent feuilles et bourgeons. En grandissant, un bourgeon forme une branche latérale ou un rameau fleuri.

Une tige principale est d'ordinaire bien visible. Parfois, si elle meurt, une pousse latérale prend sa place. C'est principalement dans la tige que les plantes sans feuilles, les cactus par exemple, accumulent les éléments nutritifs. C'est ainsi que le bulbe de la renoncule des champs est en fait une tige de stockage: on parle de bulbe solide.

ANATOMIE DE LA TIGE

Deux types de croissance caractérisent les tiges. Les pousses non ligneuses (c'est-à-dire, notamment, toutes les jeunes pousses) croissent par division cellulaire à l'extrémité de la tige. Des tissus ligneux apparaissent dans les dicotylédones plus âgées.

La surface externe des tiges non ligneuses est l'épiderme. Elle est recouverte d'une couche cireuse qui prévient le dessèchement. Des faisceaux libéro-ligneux, faits de vaisseaux de xylème à l'intérieur et de phloème à l'extérieur, remontent la tige. Chaque vaisseau dessert une feuille individuelle.

La hauteur que peuvent atteindre les plantes dépend de la solidité de la tige. Une substance, la lignine, se forme parfois dans le xylème et d'autres tissus. Elle accroît la solidité de la tige, laquelle devient ligneuse.

△ Les fleurs sont soutenues par la solidité de la tige.

▽ Structure typique d'une plante

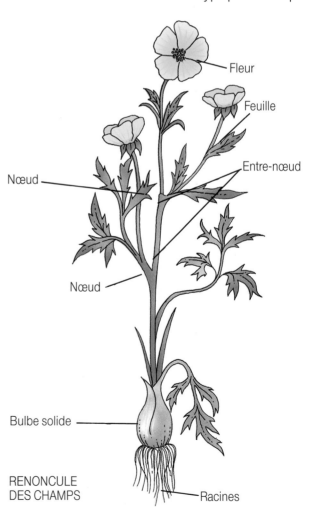

Fleur

Feuille

Entre-nœud

Nœud

Nœud

Bulbe solide

RENONCULE DES CHAMPS

Racines

HÉLIOTROPISME

La tige se dirige vers la lumière. Placez une plante d'intérieur sous une lumière intense et renversez-la : plus tard, la tige commence à se diriger vers le haut. Si l'éclairage est latéral, elle se dirige vers le côté : la pesanteur n'est donc pas à l'origine du phénomène, mais bien la croissance cellulaire plus rapide du côté non éclairé.

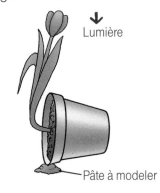

↓ Lumière

Pâte à modeler

←Lumière

LE SAVIEZ-VOUS ?

On calcule l'âge d'un arbre en comptant le nombre d'anneaux de croissance sur son tronc : un nouvel anneau apparaît chaque année. Il est composé de deux couches : une claire et une plus sombre. L'arbre le plus vieux du monde est un pin aristé de Californie de plus de 4 600 ans !

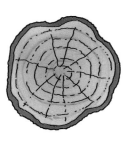

▽ Cette tige a fabriqué du cambium et s'apprête à connaître une croissance ligneuse.

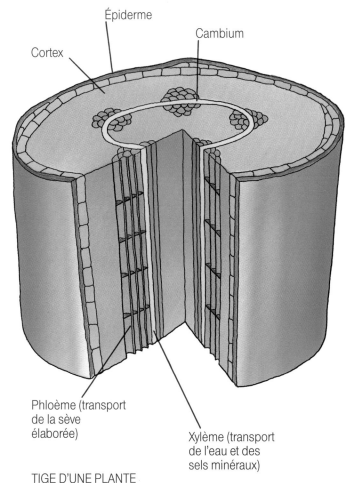

Épiderme

Cambium

Cortex

Phloème (transport de la sève élaborée)

Xylème (transport de l'eau et des sels minéraux)

TIGE D'UNE PLANTE

TIGES LIGNEUSES

Les tiges ligneuses, de même que leurs rameaux et leurs branches, sont solides et épaisses. Un anneau de cellules, le cambium, remonte la tige. Il traverse, entre xylème et phloème, chacun des faisceaux libéro-ligneux. Il se divise pour former de nouvelles cellules de xylème (à l'intérieur) et de phloème (à l'extérieur). Le xylème s'imprègne de lignine et devient un bois solide. Les cellules plus faibles se regroupent quant à elles en rayons qui traversent la tige. De l'écorce se forme à l'extérieur pour rendre le tout imperméable.

▽ Le bois grandit sous forme d'anneaux.

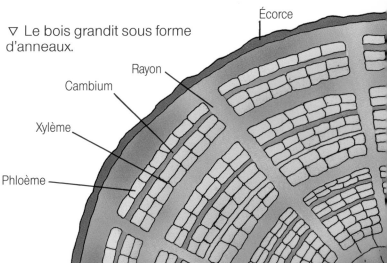

Écorce

Rayon

Cambium

Xylème

Phloème

Les feuilles se présentent sous des formes et des tailles très diverses, mais toutes ont une fonction commune : elles produisent de la sève par photosynthèse. La feuille capte l'énergie du soleil grâce à un pigment vert, la chlorophylle. Elle est alors à même de produire des glucides à partir de dioxyde de carbone (CO_2) et d'eau (H_2O).

STRUCTURE

Les feuilles sont plates afin de capter beaucoup de lumière, et fines. Si elles étaient épaisses, certaines cellules, faute de recevoir assez de lumière ou de CO_2, seraient incapables de contribuer à la photosynthèse.

La feuille reste ferme grâce aux nervures principale et secondaires. Les nervures sont faites de xylème, pour apporter l'eau de la tige, et de phloème, pour acheminer vers la tige la sève élaborée dans la feuille.

La photosynthèse a lieu dans les cellules de la feuille. Le parenchyme palissadique, riche en chlorophylle, absorbe la plus grande partie de la lumière. Le parenchyme lacuneux, spongieux, contient de l'air. Le CO_2 pénètre par des pores, les stomates, qui recouvrent l'épiderme inférieur.

△ Les nervures font circuler glucides et eau dans la feuille. Chez les dicotylédones, elles forment d'ordinaire un réseau aux nombreuses ramifications. Chez les monocotylédones, elles sont parallèles.

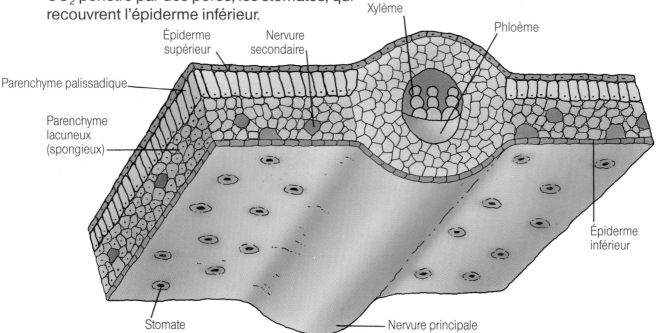

△ L'épiderme est couvert d'une pellicule cireuse, la cuticule. Elle évite à la feuille de perdre son eau et de se faner. Mais elle empêche également la pénétration du CO_2, d'où l'utilité des stomates. Ceux-ci se trouvent habituellement sur le côté non exposé à la lumière pour éviter les trop grandes pertes d'eau.

RESPIRATION

Les stomates sont des pores spéciaux qui commandent l'entrée et la sortie des gaz. Tous peuvent s'ouvrir ou se fermer. Ils s'ouvrent pendant la journée : la feuille a besoin de CO_2 pour la photosynthèse. Si le soleil frappe fort, cependant, de grandes quantités d'eau s'évaporent du parenchyme lacuneux ; pour peu que le sol soit sec, la plante risque alors de se faner et de mourir. Aussi les stomates se ferment-ils par temps très sec. Ils se ferment également pendant la nuit.

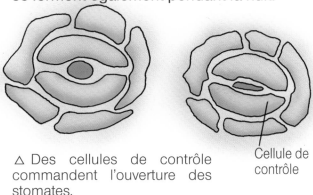

△ Des cellules de contrôle commandent l'ouverture des stomates.

Cellule de contrôle

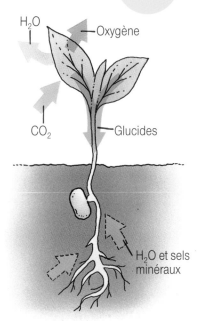

△ Au cours de la photosynthèse, le CO_2 et le H_2O, grâce à l'énergie solaire, se combinent pour former des glucides. L'oxygène est rejeté comme déchet. À l'origine, il n'y avait pas d'oxygène dans l'atmosphère : les plantes l'ont produit.

DISPOSITION DES FEUILLES

Les feuilles se disposent autour de la tige de manière à capter un maximum de lumière : chacune doit jeter le moins d'ombre possible sur les autres. Mettez-vous sous un hêtre : les feuilles semblent s'imbriquer pour cacher le ciel.

▽ Trois types de disposition

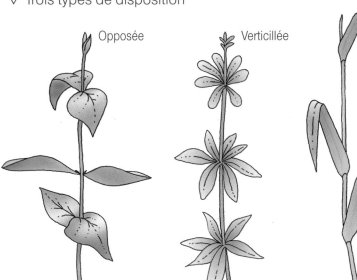

Opposée   Verticillée   Alternée

LE SAVIEZ-VOUS ?

Les feuilles du nénuphar géant d'Amazonie peuvent supporter le poids d'un enfant. Une fois relevé, le bord de la feuille est comme celui d'un bateau. Les nervures épaisses empêchent la feuille de se replier tandis qu'elle flotte sur l'eau.

Certaines saisons se prêtent mieux que d'autres à la croissance végétale. De nombreuses plantes forment un bourgeon pour les saisons plus rudes. Les bourgeons sont des pousses miniatures, avec une tige ainsi que des feuilles ou des fleurs comprimées. Ils se transforment en pousses feuillues dès que le climat s'améliore.

STRUCTURE

Les plantes à feuillage caduc forment des bourgeons et perdent leurs feuilles à l'approche de l'hiver. Citons des arbres latifoliés tels que le chêne, le hêtre et le marronnier d'Inde. En outre, de nombreux végétaux à feuillage persistant forment des bourgeons d'hiver : il s'agit d'une sécurité pour le cas où un gel particulièrement intense viendrait à détruire toutes les pousses vertes.

Les bourgeons apparaissent pendant l'été, lorsque les jours raccourcissent. Un grand bourgeon se forme généralement à l'extrémité de chaque pousse ou brindille ; de plus petits sont également visibles dans l'aisselle de la feuille (angle formé par la feuille et la tige). Chaque bourgeon est entouré de petites feuilles robustes, les écailles.

En hiver, les bourgeons sont en dormance. Cet état n'est interrompu que par le retour du printemps. Chez les arbres, c'est souvent un réchauffement des températures successif à une période de froid qui donne le signal du réveil.

△ Les bourgeons renferment la prochaine génération de pousses et de fleurs.

▽ Les grands bourgeons d'hiver du marronnier d'Inde, un des premiers arbres à produire des feuilles au printemps, sont parfois appelés bourgeons gluants. La tige qu'ils renferment s'étant mise à grandir, ils se dilatent (A). Les écailles, en se retirant, font apparaître des feuilles (B). Celles-ci sont encore repliées à l'intérieur du bourgeon, mais commencent à se déployer (C). La tige, en sortant du bourgeon, pousse les feuilles vers le haut (D).

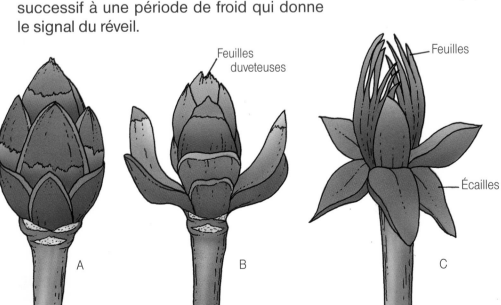

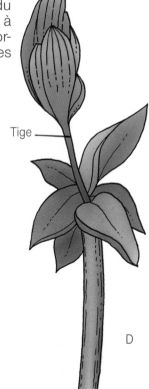

Feuilles duveteuses

Feuilles

Tige

Écailles

A   B   C   D

LA CHUTE DES FEUILLES

Tous les arbres perdent leurs feuilles. Les feuilles caduques tombent toutes au même moment, en automne; celles des feuillages persistants tombent pendant toute l'année, mais une ou deux à la fois seulement. Quelques arbres à feuilles caduques perdent leur feuillage dans des conditions de chaleur extrême : lorsque le sol est gelé ou très sec, ce phénomène évite la déshydratation.

À la fin de l'été, les arbres à feuillage caduc, sensibles au raccourcissement des journées, se préparent à la chute des feuilles. Celles-ci se vident des substances qu'elles contiennent : c'est ainsi que leur couleur passe du vert au rouge ou au jaune. Une couche de liège se forme à la base du pétiole : lorsqu'elle cède, la feuille tombe.

▽ Les cicatrices que laissent les feuilles ne forment pas d'anneaux (F).

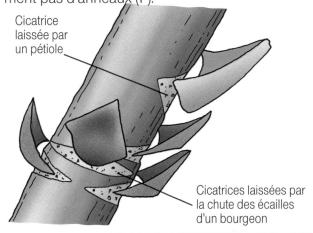

Cicatrice laissée par un pétiole

Cicatrices laissées par la chute des écailles d'un bourgeon

△ Les forêts d'arbres à feuillage caduc changent de couleur en automne.

▽ Les feuilles prennent leur forme finale (E). En tombant, les écailles laissent un anneau de cicatrices autour de la jeune branche.

LE SAVIEZ-VOUS?

Les dragonniers (ci-dessous, un de ces arbres photographié à Tenerife, aux Canaries) sont parmi les rares monocotylédones ligneuses. Certaines espèces produisent une résine rouge appelée sang du dragon.

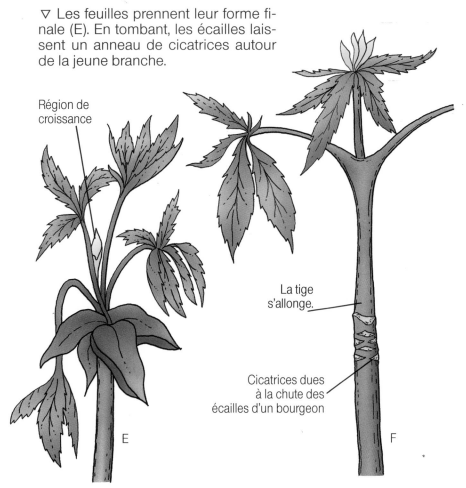

Région de croissance

La tige s'allonge.

Cicatrices dues à la chute des écailles d'un bourgeon

E

F

La fleur est l'organe reproducteur de la plante. Non seulement elle fabrique les graines, mais elle est porteuse de toutes les structures nécessaires à la pollinisation. La reproduction qui implique pollinisation et production de graines est sexuée; les plantes et leurs fleurs sont souvent mâles et femelles à la fois.

STRUCTURE

Les différents organes de la fleur sont disposés en anneaux (appelés verticilles) autour de la tige. Dans le bourgeon, des sépales, verts en général, protègent la fleur. Les pétales, souvent colorés, sont d'ordinaire plus grands que les sépales.

Les organes mâles de la fleur sont les étamines, faites d'anthères productrices de pollen placées au sommet de filaments. Les organes femelles sont les carpelles, dont le sommet, le stigmate, reçoit le pollen. Le style, logé juste sous le stigmate, contient un ovule; celui-ci deviendra la graine. Tous les organes de la fleur sont soutenus par l'extrémité élargie de la tige, le réceptacle.

△ Les fleurs aux couleurs vives attirent les insectes qui se nourrissent de pollen et du sucre produit par les nectaires.

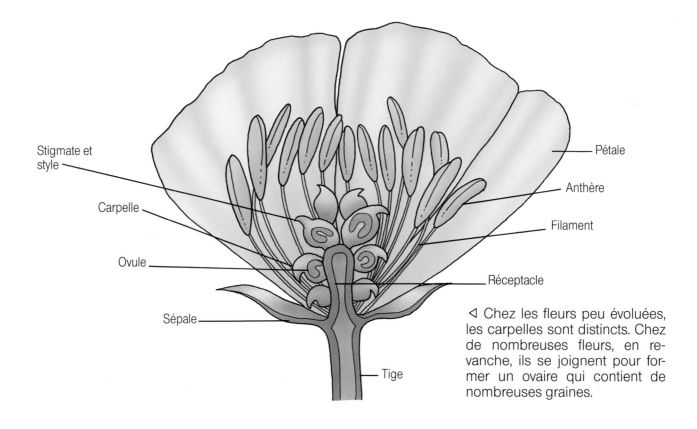

Stigmate et style

Carpelle

Ovule

Sépale

Tige

Pétale

Anthère

Filament

Réceptacle

◁ Chez les fleurs peu évoluées, les carpelles sont distincts. Chez de nombreuses fleurs, en revanche, ils se joignent pour former un ovaire qui contient de nombreuses graines.

POLLINISATION

La pollinisation, c'est-à-dire le transfert de pollen des anthères aux stigmates, est indispensable à la production des graines. Le déplacement du pollen peut être causé par des animaux, des insectes la plupart du temps. Il arrive souvent également qu'il soit porté par le vent, ou même par l'eau. De nombreuses fleurs ont des structures spéciales qui ne permettent qu'un seul de ces modes de pollinisation.

Grâce à leurs couleurs vives, les fleurs pollinisées par les insectes sont faciles à repérer. Les organes mâles et femelles sont cachés dans la fleur. Chez les fleurs pollinisées par le vent, les pétales sont petits et verts, nectaires et parfum sont inexistants. Les anthères pendent à l'extérieur, pour disséminer leur pollen, et les stigmates sont plumeux afin de recueillir le pollen.

La pollinisation entre fleurs de plantes différentes est dite croisée. Elle implique une recombinaison des caractères des ascendants : c'est ainsi que l'espèce s'adapte à la modification des conditions de vie. La pollinisation entre fleurs de la même plante, voire à l'intérieur de la même fleur, est dite directe.

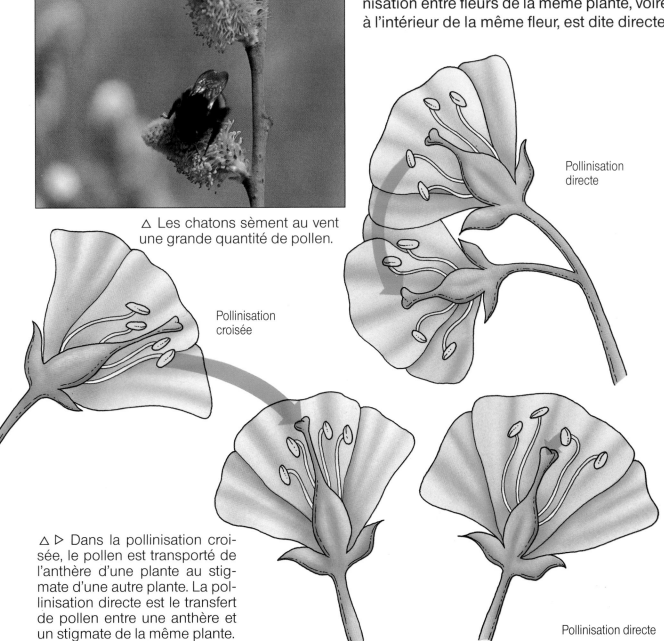

△ Les chatons sèment au vent une grande quantité de pollen.

Pollinisation directe

Pollinisation croisée

△ ▷ Dans la pollinisation croisée, le pollen est transporté de l'anthère d'une plante au stigmate d'une autre plante. La pollinisation directe est le transfert de pollen entre une anthère et un stigmate de la même plante.

Pollinisation directe

POLLINISATION PAR LES ANIMAUX

Les fleurs des renoncules des champs sont simples, c'est-à-dire ouvertes et régulières. La plupart des petites créatures qui les fréquentent sont susceptibles de les polliniser. Leur manque de sophistication, cependant, favorise la pollinisation directe.

De nombreuses fleurs sont conçues de manière à augmenter les chances de pollinisation croisée par les insectes. Parfois, par exemple, les pétales se rejoignent pour former un tube au fond duquel se trouvent les nectaires. En rampant pour récolter le nectar, les insectes sont amenés à se frotter contre les anthères et les stigmates.

Les pétales des fleurs pollinisées par les insectes sont souvent de tailles différentes. Certains font office de piste d'atterrissage, des lignes de couleur aidant les insectes à trouver le tube. Seuls les insectes de taille et de forme adéquates peuvent entrer dans de telles fleurs. Les chances de pollinisation en sont accrues, car le pollen ne sera pas gaspillé par des insectes qui vont butiner d'autres espèces.

Les abeilles et les papillons sont des agents pollinisateurs de prédilection : le pollen s'accroche facilement à leur corps velu. Leur longue langue leur permet d'atteindre le nectar.

△ Les colibris se gavent de nectar sucré. Ils visitent et pollinisent des fleurs de grande taille et de couleurs vives.

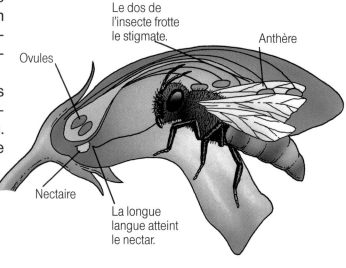

Le dos de l'insecte frotte le stigmate.

Anthère

Ovules

Nectaire

La longue langue atteint le nectar.

△ Une abeille, avec sa longue langue, pollinise une ortie blanche. Lorsque l'insecte s'avance dans la fleur, le stigmate et les anthères frottent son dos.

◁ Les pétales inférieurs des fleurs du lupin et de l'ajonc fléchissent sous le poids de l'abeille. Stigmate et anthères frottent la partie inférieure de l'insecte.

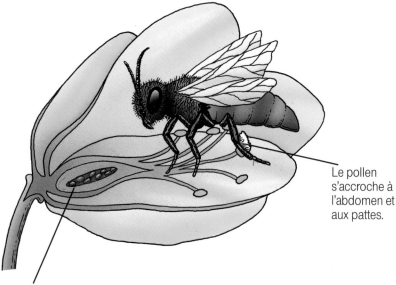

Le pollen s'accroche à l'abdomen et aux pattes.

Ovules

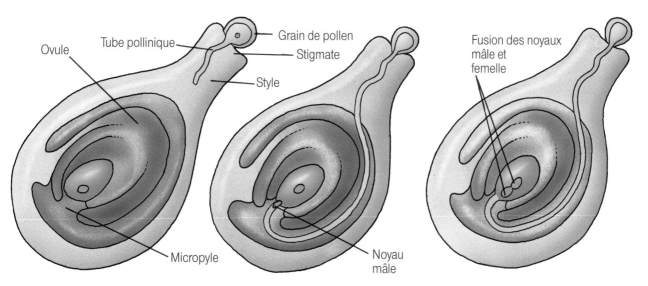

△ Lorsque le grain de pollen atterrit sur un stigmate, un tube pollinique se développe.

△ Le tube pollinique descend le style et entre dans l'ovule par le micropyle.

△ Le noyau mâle descend le tube pollinique et fusionne avec le noyau de l'ovule.

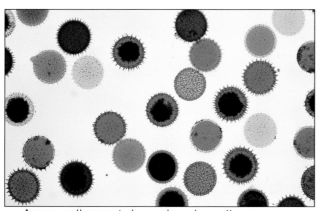

△ Amoncellement de grains de pollen

LE SAVIEZ-VOUS?

La souris à miel se nourrit uniquement de pollen et de nectar. Sa langue, à l'extrémité en forme de brosse, lui permet de visiter les fleurs et de contribuer à leur pollinisation comme les insectes.

▽ Une souris à miel en Australie

FÉCONDATION

Les graines se forment par reproduction sexuée. Dans ce type de reproduction, des cellules spécifiques, les gamètes, sont produites par les végétaux ou animaux mâles et femelles. Ces cellules fusionnent au terme d'un processus de fécondation. Chez les fleurs, la fécondation suit la pollinisation. Le gamète mâle est le grain de pollen, le gamète femelle est l'oosphère (dans l'ovule).

Pendant la pollinisation, les grains de pollen s'accrochent au stigmate. Si le pollen et le stigmate sont de la même espèce, chaque grain produit un tube pollinique. Ce tube descend le style pour aboutir à l'ovule, situé dans un renflement du carpelle. Un seul tube atteint l'ovule, les autres grains meurent. C'est par le micropyle que le pollen entrera dans l'ovule.

Au cours du processus de la fécondation, l'extrémité du tube pollinique se rompt. Le noyau mâle, qui est en fait une particule minuscule, entre alors dans l'ovule pour fusionner avec le noyau femelle de l'oosphère.

Une fois la fusion terminée, l'ovule fécondé peut maintenant croître dans l'ovaire pour finalement devenir une graine. Si la fleur produit plusieurs ovules par ovaire, un grain de pollen différent féconde l'oosphère de chaque ovule.

FORMATION DES FRUITS

L'étape finale de la vie d'une fleur est la formation de graines et de fruits.

Après la fécondation, pétales, sépales, étamines et stigmates commencent à flétrir. L'oosphère fécondé se divise de nombreuses fois pour former les tissus embryonnaires ; le reste de l'ovule devient un stock de substances nutritives, l'endosperme. Les couches externes forment le testa, une gaine qui protège la graine adulte. Le micropyle subsiste sous forme d'orifice percé dans le testa ; parfois, lors de la germination, il permet à l'eau d'entrer dans la graine.

Chaque fruit se développe à partir d'un ovaire (ou de plusieurs s'il s'agit d'un fruit multiple). Le nombre de graines qu'il contient dépend du nombre de carpelles qui se sont joints pour former l'ovaire.

▽ L'ovaire n'est pas toujours seul à former le fruit. Chez la fleur du pommier, il est enfermé dans un réceptacle qui n'est autre que la pulpe extérieure de la pomme. La paroi du véritable fruit reste cependant visible.

△ Les fruits apparaissent si l'ovule est fécondé.

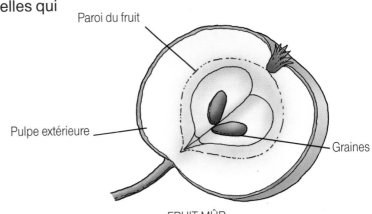

Paroi du fruit

Pulpe extérieure

Graines

FRUIT MÛR

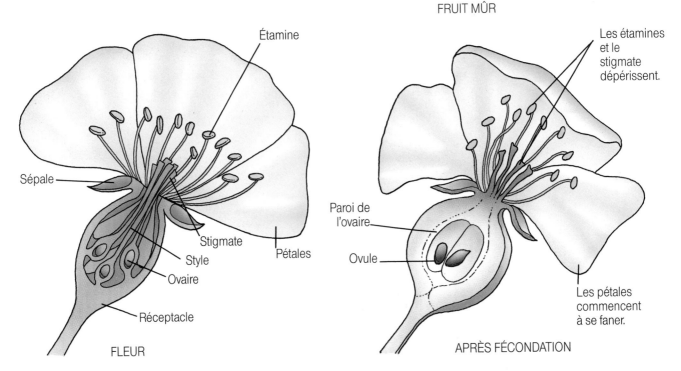

Étamine

Sépale

Stigmate

Style

Ovaire

Pétales

Réceptacle

FLEUR

Les étamines et le stigmate dépérissent.

Paroi de l'ovaire

Ovule

Les pétales commencent à se faner.

APRÈS FÉCONDATION

TYPES DE FRUITS

Voyez combien de types de fruits vous parvenez à distinguer. N'oubliez pas que des légumes tels que des pois dans leur gousse, ou encore une courge, sont en fait des fruits.

Examinez chaque fruit avec soin et essayez de comprendre comment il s'est formé. Demandez à un adulte de vous aider à l'ouvrir afin de voir le nombre et la disposition des graines. Y a-t-il plus d'un ovaire ? Le fruit est-il déhiscent ou indéhiscent ?

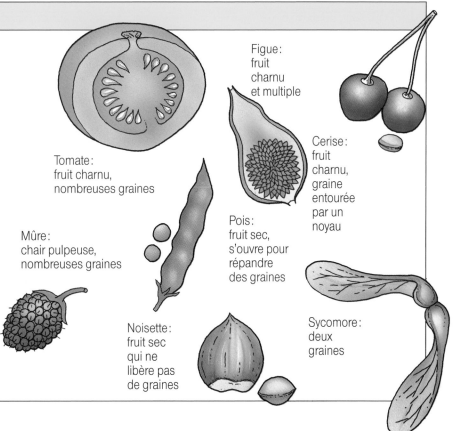

Tomate : fruit charnu, nombreuses graines

Mûre : chair pulpeuse, nombreuses graines

Figue : fruit charnu et multiple

Cerise : fruit charnu, graine entourée par un noyau

Pois : fruit sec, s'ouvre pour répandre des graines

Noisette : fruit sec qui ne libère pas de graines

Sycomore : deux graines

▽ Les stigmates du laurier-rose se dressent au-dessus des anthères : les risques de pollinisation directe en sont diminués. L'ovaire se forme par fusion des carpelles. Les fruits, déhiscents, s'ouvrent une fois mûrs : les graines sont munies de filaments qui font office de parachutes et permettent leur dissémination par le vent.

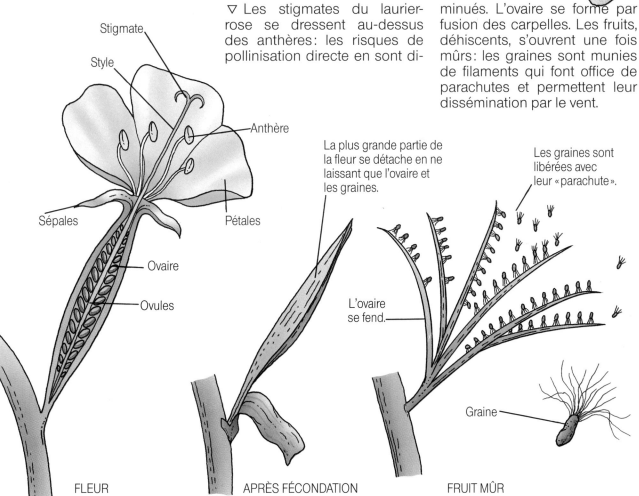

Stigmate
Style
Anthère
Sépales
Pétales
Ovaire
Ovules

La plus grande partie de la fleur se détache en ne laissant que l'ovaire et les graines.

L'ovaire se fend.

Les graines sont libérées avec leur «parachute».

Graine

FLEUR

APRÈS FÉCONDATION

FRUIT MÛR

Les plantes annuelles (qui meurent au terme de leur cycle de vie) ne se reproduisent que par fécondation des graines. De nombreuses espèces pérennes (qui vivent plusieurs années), en revanche, connaissent également la reproduction végétative: des rejetons apparaissent sur une plante, s'en séparent et en deviennent indépendants.

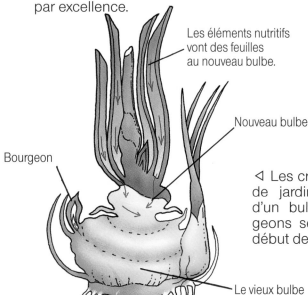

△ Les oignons sont des bulbes feuillés par excellence.

BULBES FEUILLÉS ET BULBES SOLIDES

Pendant la bonne saison, de nombreuses plantes pérennes stockent des éléments nutritifs dans des «bulbes» destinés à engendrer de nouvelles plantes. Ces bulbes permettent la reproduction sans fécondation: on parle de multiplication végétative.

Un bulbe solide est un segment de tige gonflé d'éléments nutritifs. Il survit sous terre à l'hiver ou (chez certaines espèces) à des périodes de chaleur et de sécheresse extrêmes. Avant la chute des feuilles, il se couvre de bourgeons. Plus tard, le bourgeon principal formera de nouvelles feuilles, lesquelles produiront un nouveau bulbe au sommet de l'ancien. D'autres bourgeons donneront naissance à des pousses qui, à leur tour, formeront des bulbes. Chacun engendre des racines «contractiles» qui, une fois développées, se contracteront pour l'enfoncer davantage dans le sol.

Les bulbes feuillés sont principalement faits d'écailles, c'est-à-dire de petites feuilles charnues qui stockent des éléments nutritifs. Un segment de tige, à la base du bulbe, engendre les racines. Chaque année, le bourgeon principal forme de nouvelles feuilles et fleurs. Les substances nutritives produites par les feuilles aident à remplacer les écailles extérieures qui dépérissent. De nouveaux bulbes apparaissent lorsque d'autres bourgeons, dits latéraux, se développent.

Les éléments nutritifs vont des feuilles au nouveau bulbe.

Nouveau bulbe

Bourgeon

◁ Les crocus sont des plantes de jardin communes dotées d'un bulbe solide. Les bourgeons se développent dès le début de l'hiver.

Le vieux bulbe dépérit.

BULBE SOLIDE

▷ De nombreuses espèces d'iris ont des rhizomes, bien que certaines soient à bulbes. L'extrémité du rhizome s'incline vers le haut pour former les feuilles et la pousse fleurie.

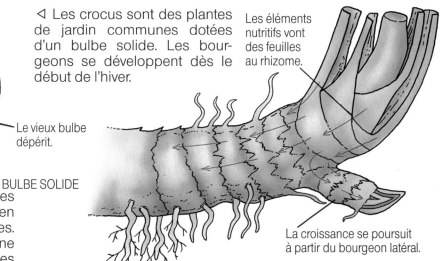

Les éléments nutritifs vont des feuilles au rhizome.

La croissance se poursuit à partir du bourgeon latéral.

RHIZOME

▽ Les fraises se propagent par des stolons issus de la tige.

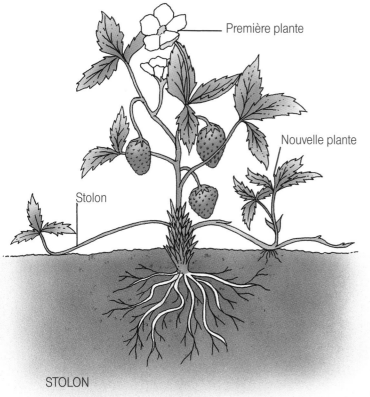

Première plante

Nouvelle plante

Stolon

STOLON

STOLONS, RHIZOMES ET TUBERCULES

Stolons, rhizomes et tubercules sont aussi des organes de multiplication végétative.

Les stolons sont des tiges horizontales issues des bourgeons de la plante adulte. Eux-mêmes présentent des bourgeons et des nœuds, à partir desquels de nouvelles plantes se développent. Des racines s'enfoncent dans le sol pour ancrer les pousses.

Les rhizomes se développent sous terre. Chez l'iris, ils permettent le stockage des éléments nutritifs, et font apparaître feuilles et fleurs lorsque leur extrémité se dirige vers le haut. Les nouveaux rhizomes sont issus des bourgeons latéraux.

La pomme de terre est un tubercule. Il s'agit de l'extrémité gorgée d'éléments nutritifs d'un rhizome ordinaire. Les «yeux» des pommes de terre sont des tiges et des bourgeons comprimés.

EXPÉRIENCE: LA POMME DE TERRE

Il est facile de cultiver des pommes de terre. Mettez de la terre dans un grand pot. Plantez un tubercule à 10 cm de profondeur, sans oublier d'arroser de temps à autre. Observez les tubercules apparaître.

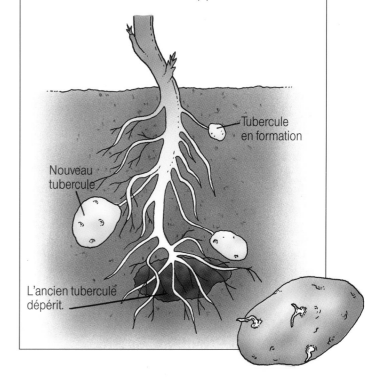

Tubercule en formation

Nouveau tubercule

L'ancien tubercule dépérit.

▽ Les bulbes sont produits par les plantes qui fleurissent au printemps, comme les perce-neige, les narcisses et les jacinthes.

Les nouvelles feuilles puisent dans les réserves de l'année précédente.

Tige de la fleur

Le bourgeon terminal produira de nouvelles feuilles et fleurira l'année suivante.

Bourgeon principal

Les éléments nutritifs quittent les écailles du bulbe.

Bourgeon latéral

Racines

BULBE FEUILLÉ

Les botanistes ont classifié les espèces vivantes, les ont regroupées selon leurs caractéristiques. Nous avons parlé dans ce livre des végétaux les plus importants pour l'homme, à savoir les angiospermes (plantes à fruits). Le tableau ci-dessous, qui inclut les grandes catégories de végétaux, procède par classification naturelle: il regroupe les espèces apparentées en présentant les types simples à l'opposé des types complexes. Les végétaux les moins évolués, les algues par exemple, furent parmi les premiers organismes vivants à peupler la Terre (il y a 3 000 millions d'années environ). Les angiospermes ne sont apparues qu'à la fin de l'ère des dinosaures.

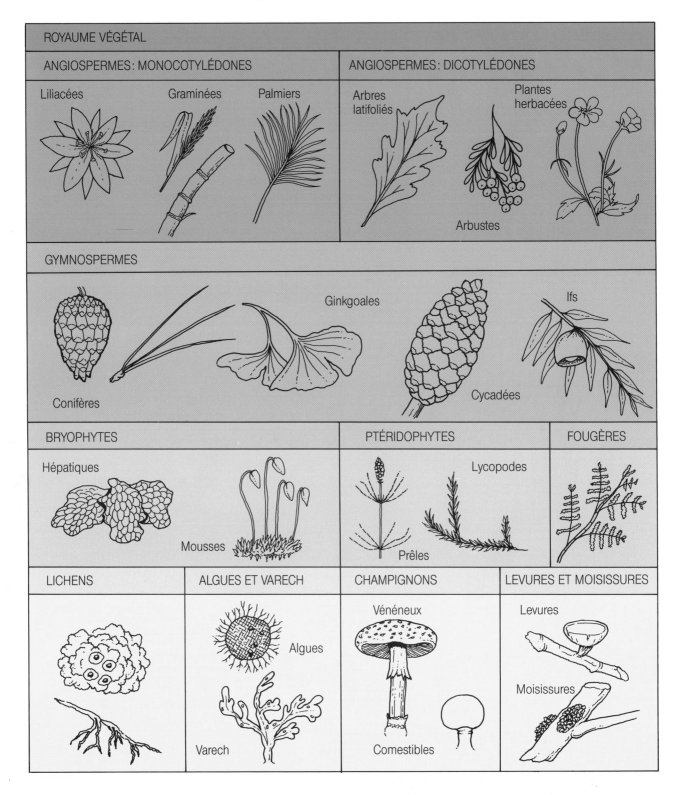

ROYAUME VÉGÉTAL

ANGIOSPERMES: MONOCOTYLÉDONES

Liliacées   Graminées   Palmiers

ANGIOSPERMES: DICOTYLÉDONES

Arbres latifoliés   Plantes herbacées

Arbustes

GYMNOSPERMES

Ginkgoales   Ifs

Conifères   Cycadées

BRYOPHYTES

Hépatiques

Mousses

PTÉRIDOPHYTES

Lycopodes

Prêles

FOUGÈRES

LICHENS

ALGUES ET VARECH

Algues

Varech

CHAMPIGNONS

Vénéneux

Comestibles

LEVURES ET MOISISSURES

Levures

Moisissures

Anthère
Un des organes mâles de la fleur. Elle produit le pollen.

Bois
Xylème contenant une grande quantité de lignine. Il se forme au terme de divisions cellulaires dans le cambium.

Carpelle
Organe femelle de la fleur

Chlorophylle
Pigment vert qui capte la lumière du soleil et utilise son énergie pour effectuer la photosynthèse

Cotylédon
Feuille de l'embryon que contient la graine

Fécondation
Chez les plantes, fusion, dans l'ovule, d'un noyau de pollen mâle et d'un noyau femelle

Fruit
Tissu, issu de l'ovaire, qui entoure la graine. Les fruits indéhiscents sont disséminés avec la graine. Les fruits déhiscents s'ouvrent et libèrent la graine pour permettre sa dissémination.

Gemmule
Extrémité de la jeune pousse qui se développe dans la graine

Germination
Croissance de la graine et naissance de la plante

Graine
Résultat de la fécondation d'un ovule. Elle est faite d'un embryon de plante et d'un stock d'éléments nutritifs, le tout enveloppé dans une gaine protectrice.

Multiplication végétative
Reproduction d'une plante non accompagnée de fécondation (exemple: reproduction à partir d'un bulbe)

Nectaire
Renflement ordinairement situé à la base de la fleur. Il produit un suc mielleux, le nectar, qui attire les insectes.

Organe
Toute partie d'une plante (ou d'un animal), la racine par exemple, qui exerce une fonction particulière

Ovaire
Organe femelle de la fleur. Il se compose d'un ou de plusieurs carpelles (chacun contenant un ovule) qui ont fusionné.

Phloème
Tissu qui permet la circulation dans toute la plante des glucides élaborés par les feuilles (sève élaborée)

Photosynthèse
Processus par lequel les plantes vertes utilisent l'énergie de la lumière solaire pour convertir en glucides l'eau et le dioxyde de carbone

Pollinisation
Transfert de pollen d'une anthère à un stigmate

Radicule
Jeune racine de l'embryon que renferme la graine

Rhizome
Organe souterrain de multiplication végétative. Il ressemble au stolon.

Stomates
Orifices permettant la respiration de la feuille. Chaque stomate est fait d'un pore et de deux cellules de contrôle qui peuvent le fermer.

Tissu
Tout matériau vivant fait de cellules (ex: tissu dont sont faites les racines)

Xylème
Tissu qui fait circuler dans la plante l'eau et les sels minéraux dissous (sève brute) absorbés par les racines

Origine des photographies: couverture et pages 5, 7 (en haut et en bas), 10-11, 24 et 25 (en haut): Robert Harding Picture Library; pages 6, 8, 16 et 28: F. Killerby; pages 12, 20, 21 (en haut), 22 et 26: Spectrum Photo Library; page 14: Science Photo Library; pages 19 (en bas) et 23: Eye Ubiquitous; page 21 (en bas): J. Allan Cash Photo Library; page 25 (en bas): Bruce Coleman Photo Library.

PRINTED IN BELGIUM BY
proost
INTERNATIONAL BOOK PRODUCTION